GUIA DE BOLSO DE AVALIAÇÃO PSICOLÓGICA PARA DIFERENTES CONTEXTOS

Andréa Pires Waldman

ISBN: 9798390594889

DEDICATÓRIA

Dedico este livro aos profissionais e estudantes de psicologia que buscam aprimorar e aprofundar seus conhecimentos em avaliação psicológica.

É minha esperança que este livro possa oferecer uma perspectiva valiosa sobre os principais conceitos, técnicas e aplicações dessa importante área da psicologia.

Sabemos que a avaliação psicológica é uma ferramenta essencial para entendermos o comportamento humano e os processos mentais subjacentes. Espero que este livro possa contribuir para o aprimoramento da prática profissional, auxiliando na identificação de necessidades, elaboração de planos de intervenção e tomadas de decisões fundamentadas.

Aos profissionais e estudantes de psicologia que dedicam suas vidas a compreender o complexo mundo da mente humana, minha sincera gratidão e admiração. Espero que este livro possa ser uma pequena contribuição para esse nobre trabalho.

Com todo o meu respeito e apreço,

APW.

Sumário

APRESENTAÇÃO 4

CONCEITO DE AVALIAÇÃO PSICOLÓGICA 6

Entendendo o conceito 6

Qualquer profissional pode aplicar avaliação psicológica? 7

Existe alguma resolução do Conselho de Psicologia sobre a avaliação psicológica? 9

Avaliação psicológica versus testagem psicológica 10

Fontes de informação fundamentais e complementares 12

O QUE É PSICOMETRIA? 15

Conceitos básicos de psicometria que o psicólogo precisa conhecer 17

Validade e fidedignidade 20

Normas 23

Padrões de pontuação 25

Erro padrão de medida 28

COMO MONTAR SUA BATERIA DE TESTES 32

Fatores a considerar ao montar sua bateria de testes 33

O que é o SATEPSI 37

Escolhendo os testes 38

Leitura dos manuais 44

Como saber qual tabela utilizar 47

DIREITOS DO EXAMINANDO — 51

Rapport — 54

As instruções do teste devem ser exatamente iguais às que constam no manual — 56

Esclarecimento de dúvidas antes de realizar o teste — 57

Entrega da cópia do laudo — 59

Entrevista devolutiva — 61

AVALIAÇÃO PSICOLÓGICA NA PRÁTICA — 63

Avaliação psicológica de concursos públicos — 66

Avaliação psicológica no contexto forense — 69

Avaliação psicossocial para NR33 e NR35 — 72

Avaliação psicológica para cirurgias como bariátrica, vasectomia e laqueadura — 76

Avaliação psicológica para para seleção de pessoas nos departamentos de recursos humanos — 78

Avaliação psicológica para psicodiagnóstico — 81

Avaliação psicológica no contexto escolar — 83

ALGUNS TIPOS DE TESTES PSICOLÓGICOS — 87

Tipos de testes psicológicos — 87

O que é o modelo dos cinco grandes fatores e quais testes psicológicos se embasam nessa teoria? — 89

O que são funções cognitivas e quais são os principais testes psicológicos que as avaliam? — 91

DOCUMENTOS QUE SE ORIGINAM DA AVALIAÇÃO PSICOLÓGICA — 94

Atestado Psicológico   94

Modelo de atestado psicológico   98

Laudo psicológico   99

APRESENTAÇÃO

Este livro foi criado especificamente para psicólogos que estão buscando informações concisas, precisas e baseadas na literatura para aprimorar suas habilidades em avaliações psicológicas. É um recurso essencial para profissionais que buscam melhorar a qualidade de suas avaliações psicológicas.

O livro é escrito com foco nas necessidades práticas de avaliação psicológica. Ele oferece informações claras e diretas sobre as técnicas de avaliação psicológica mais eficazes e apropriadas para cada tipo de paciente. Além disso, o livro fornece informações importantes sobre a administração, interpretação e comunicação dos resultados da avaliação.

Uma das vantagens deste livro é que ele apresenta informações de forma prática e acessível, mas sem sacrificar a precisão e a fundamentação teórica necessárias para uma avaliação de qualidade. Ele combina teoria e prática, oferecendo uma abordagem equilibrada e eficaz para a avaliação psicológica.

Em resumo, este livro é uma ferramenta indispensável para psicólogos que buscam informações concisas e pautadas na literatura para realizar avaliações psicológicas de qualidade. Ele é escrito com foco nas necessidades práticas da avaliação, tornando-se um recurso valioso para os profissionais da área.

CONCEITO DE AVALIAÇÃO PSICOLÓGICA

Entendendo o conceito

A avaliação psicológica é um processo importante e complexo que utiliza métodos e técnicas variados, incluindo testes psicológicos. No entanto, é essencial entender que a aplicação dos testes não é um fim em si mesmo, mas sim uma ferramenta para obter informações e dados relevantes para a tomada de decisões.

É importante lembrar que o uso de testes psicológicos na avaliação deve ser feito com cautela e equilíbrio. Os resultados dos testes devem ser interpretados em conjunto com outras informações relevantes, como histórico pessoal, social e familiar, bem como observações clínicas e informações fornecidas por outras fontes.

Em outras palavras, é essencial levar em consideração o contexto geral da pessoa avaliada, a fim de garantir uma interpretação precisa e completa dos resultados dos testes. Isso permite uma avaliação mais precisa e cuidadosa, que pode fornecer insights importantes para a tomada de decisões em diversas áreas, incluindo a psicologia clínica, organizacional, jurídica e educacional.

Qualquer profissional pode aplicar avaliação psicológica?

O psicólogo é o único profissional capacitado legalmente para realizar a avaliação psicológica. Isso ocorre porque a formação do psicólogo inclui conhecimentos teóricos, técnicos e práticos específicos para a aplicação dos instrumentos e técnicas utilizados na avaliação psicológica. Além disso, o Código de Ética Profissional do Psicólogo estabelece que apenas o psicóloo pode realizar avaliação psicológica.

Um dos principais motivos para essa exclusividade é a complexidade do processo de avaliação psicológica. A interpretação dos resultados dos testes, por exemplo, requer conhecimento teórico e experiência prática para serem feitas de maneira precisa e adequada. Além disso, a avaliação psicológica pode envolver questões éticas e legais que somente um profissional habilitado pode lidar de forma adequada.

Outro aspecto importante a considerar é que a avaliação psicológica pode ter implicações significativas na vida do indivíduo avaliado. Os resultados da avaliação podem ser utilizados em processos seletivos, diagnósticos clínicos, aconselhamento e intervenção psicológica, entre outras situações. Portanto, é fundamental que a avaliação seja realizada de forma responsável e ética, garantindo a confiabilidade dos resultados obtidos.

Em resumo, somente o psicólogo pode realizar a avaliação psicológica de forma legal e ética, pois é o único profissional capacitado para lidar com a complexidade desse processo. A avaliação psicológica é uma ferramenta importante para compreender o funcionamento psicológico do indivíduo e deve ser realizada de forma responsável e cuidadosa para garantir a segurança e o bem-estar do avaliado.

> *A avaliação psicológica é prática exclusiva do psicólogo conforme estabelecido no § 1º do Artigo 13 da Lei 4119/62, que regulamenta a profissão de psicólogo. A Ação Direta de Inconstitucionalidade nº 3481 permite a venda de manuais de testes a não psicólogos, mas não revogou trechos da lei 4119/62. Portanto, ainda que os manuais de testes possam ser vendidos a não psicólogos, a avaliação psicológica permanece como prática exclusiva do psicólogo.*

Existe alguma resolução do Conselho de Psicologia sobre a avaliação psicológica?

A Resolução CFP nº 31/2022 é uma norma criada pelo Conselho Federal de Psicologia (CFP) que tem como objetivo estabelecer diretrizes para a realização de avaliação psicológica no exercício profissional da psicóloga e do psicólogo. Além disso, a resolução também regulamenta o Sistema de Avaliação de Testes Psicológicos (SATEPSI) e revoga a Resolução CFP nº 09/2018.

A Resolução CFP nº 31/2022 estabelece as diretrizes éticas e técnicas para a realização da avaliação psicológica, garantindo que essa prática seja realizada de forma responsável, segura e confiável. A resolução define, por exemplo, que a avaliação psicológica deve ser realizada somente por psicólogos e que a aplicação dos testes deve seguir os critérios estabelecidos pelo SATEPSI.

Avaliação psicológica versus testagem psicológica

A avaliação psicológica pode incluir aplicação de testes psicológicos e técnicas para que seja possível realizar o entendimento dinâmico. Por exemplo, quando no teste surge característica de elevada agressividade, como o examinando expressa isso no seu cotidiano? Possui faltas disciplinares ou usa a agressividade de uma forma produtiva? Aplicar apenas testes contraria a resolução do Conselho Federal de Psicologia e descaracteriza o processo de avaliação psicológica.

Observa-se que independentemente do contexto no qual será utilizada, a avaliação psicológica deve ser entendida como um processo com o objetivo de fazer entendimento dinâmico das características apresentadas pelo examinando. Não se trata de um processo mecânico e simplista. A ausência de entrevistas ou uso de outras técnicas também está em desacordo com a resolução que estabelece regras para realização de avaliação psicológica em concursos públicos, por exemplo.

A informação que determina uso de outras técnicas além de testes é divulgada pelo Conselho Federal de Psicologia por meio de cartilhas, resoluções e outros materiais. Um manual de avaliação psicológica publicado pelo Conselho Federal de Psicologia é categórico ao afirmar que a "avaliação psicológica não é sinônimo de aplicação de testes".

Resumo: diferença entre avaliação psicológica e testagem psicológica

Avaliação psicológica	**Testagem psicológica**
⬚ Aplicação de testes psicológicos e de técnicas como entrevista ou dinâmica de grupos, por exemplo; ⬚ Ocorre integração dinâmica dos achados no qual cada uma das características se compreende na realidade daquele examinando;	⬚ Aplicação de teste psicológico; ⬚ Sem entendimento dinâmico; ⬚ O resultado do teste é a única fonte de informação.

Fontes de informação fundamentais e complementares

O método e a técnica são conceitos importantes no trabalho do psicólogo, uma vez que são utilizados para atingir objetivos específicos no processo de avaliação e intervenção psicológica. O método pode ser entendido como um procedimento ou meio para alcançar um objetivo, enquanto a técnica se refere a um conjunto de procedimentos ligados a uma arte ou ciência.

No entanto, é importante ressaltar que o uso de métodos e técnicas deve estar alinhado com os princípios éticos e científicos da psicologia. Nesse sentido, a Resolução CFP n° 31/2022 orienta que as decisões do psicólogo devem se basear em fontes fundamentais de informação, sendo que o uso de fontes complementares de informação, também denominados de procedimentos e recursos auxiliares, é opcional.

Assim, a escolha do método e da técnica a serem utilizados deve levar em conta a especificidade do caso e as necessidades do indivíduo em questão. Além disso, é fundamental que o psicólogo esteja devidamente capacitado para aplicar os métodos e técnicas escolhidos, garantindo assim a qualidade e efetividade do processo.

Dessa forma, é importante destacar que o método e a técnica não são fins em si mesmos, mas sim ferramentas utilizadas pelo psicólogo para alcançar os objetivos da avaliação e intervenção psicológica. E o uso dessas ferramentas deve ser pautado pelos princípios éticos e científicos da psicologia, sempre visando a promoção da saúde mental e bem-estar do indivíduo.

Fonte: Resolução CFP n° 31/2022

I – Fontes fundamentais:	II - Fontes complementares:
métodos e/ou técnicas e/ou instrumentos psicológicos reconhecidos cientificamente	**Procedimentos e recursos auxiliares**
Testes psicológicos aprovados pelo CFP para uso profissional da psicóloga e do psicólogo e/ou;	Técnicas e instrumentos não psicológicos que possuam respaldo da literatura científica da área e que respeitem o Código de Ética e as garantias da legislação da profissão. Exemplo: testes de uso não privativo do psicólogo.
Entrevistas psicológicas, anamnese e/ou;	
Protocolos ou registros de observação de comportamentos obtidos;	Documentos técnicos, tais como protocolos ou relatórios de equipes multiprofissionais.
individualmente ou por meio de processo grupal e/ou técnicas de grupo.	

O QUE É PSICOMETRIA?

Psicometria é uma área da psicologia que se dedica ao estudo científico dos testes psicológicos, com foco na medida e avaliação de características psicológicas, como inteligência, personalidade, aptidões, habilidades, entre outras. É uma disciplina que envolve a aplicação de princípios estatísticos e matemáticos para a construção, validação e interpretação dos testes psicológicos, visando garantir sua precisão, confiabilidade e validade. A psicometria também se preocupa em desenvolver técnicas e metodologias para a análise de dados, que possam auxiliar na compreensão dos resultados obtidos pelos testes.

É fundamental para o psicólogo que trabalha com avaliação psicológica ter conhecimentos em psicometria para realizar avaliações precisas e confiáveis. Algumas razões pelas quais é importante que o psicólogo conheça psicometria incluem:

1- Escolha dos instrumentos: O conhecimento em psicometria permite ao psicólogo escolher os instrumentos adequados para avaliar cada característica psicológica. É necessário entender as propriedades psicométricas de cada instrumento (validade, confiabilidade, sensibilidade, especificidade etc.) para escolher o melhor instrumento para cada situação.

2 - Administração correta dos instrumentos: O psicólogo precisa conhecer as instruções corretas para administrar cada instrumento, além de saber como realizar a correção e a interpretação dos resultados.

3 - Análise dos resultados: A psicometria permite que o psicólogo avalie a precisão dos resultados obtidos e possa fazer inferências confiáveis sobre as características psicológicas das pessoas avaliadas.

4 - Tomada de decisões: Com base nos resultados obtidos, o psicólogo pode tomar decisões importantes, como a indicação de tratamentos, encaminhamentos para outros profissionais ou aconselhamentos.

Em resumo, a psicometria é fundamental para o psicólogo que trabalha com avaliação psicológica, pois permite a escolha, administração e interpretação correta dos instrumentos, além de garantir a precisão e confiabilidade dos resultados obtidos e auxiliar na tomada de decisões clínicas.

Conceitos básicos de psicometria que o psicólogo precisa conhecer

O psicólogo que trabalha com avaliação psicológica precisa conhecer alguns conceitos básicos de psicometria para realizar avaliações precisas e confiáveis. Alguns desses conceitos incluem:

1 - Validade: Refere-se ao grau em que um instrumento de medida mede o que se

propõe a medir. A validade é uma propriedade fundamental de qualquer instrumento de medida, e o psicólogo precisa saber avaliar se um instrumento é válido para a medida que se deseja.

2 – Confiabilidade ou fidedignidade: Refere-se ao grau em que um instrumento de medida é consistente e livre de erros. Um instrumento confiável deve produzir resultados consistentes em diferentes momentos e com diferentes avaliadores. O psicólogo precisa saber avaliar se um instrumento é confiável para a medida que se deseja.

3 - Normas: Refere-se a valores de referência que são estabelecidos para comparar os resultados de uma avaliação com a população geral ou com grupos específicos. O psicólogo precisa saber como utilizar normas para interpretar os resultados de uma avaliação.

4 - Padrões de pontuação: Refere-se às diferentes maneiras de pontuar os resultados de um instrumento de medida. O psicólogo precisa saber escolher a melhor maneira de pontuar um instrumento, levando em conta a natureza dos dados e a finalidade da avaliação.

5 - Erro padrão de medida: Refere-se à variabilidade dos resultados de um instrumento de medida. O psicólogo precisa saber avaliar o erro padrão de medida de um instrumento para saber até que ponto os resultados podem ser considerados precisos.

6 - Fatores psicométricos: Refere-se aos diferentes aspectos da validade e confiabilidade de um instrumento de medida. O psicólogo precisa conhecer os principais fatores psicométricos que influenciam a qualidade de um instrumento de medida, como a

consistência interna, a reprodutibilidade e a sensibilidade.

Esses são alguns dos conceitos básicos de psicometria que o psicólogo precisa conhecer para realizar avaliações psicológicas precisas e confiáveis. É importante lembrar que a psicometria é uma área complexa e em constante evolução, e que o psicólogo precisa estar sempre atualizado sobre as novas técnicas e metodologias.

Validade e fidedignidade

A validade e a fidedignidade são duas propriedades importantes na avaliação da qualidade de um teste psicológico. É importante que o psicólogo tenha conhecimento sobre os conceitos de validade e fidedignidade ao utilizar testes psicológicos porque esses dois aspectos são fundamentais para garantir a qualidade e a confiabilidade dos resultados obtidos.

A validade diz respeito à capacidade do teste de medir aquilo que ele se propõe a medir, ou seja, se ele realmente avalia a habilidade, traço ou característica que se deseja analisar. Já a fidedignidade se refere à consistência e estabilidade dos resultados obtidos pelo teste, ou seja, se ele é capaz de produzir resultados semelhantes quando aplicado em diferentes momentos ou por diferentes avaliadores. Saber se um teste é válido e fidedigno é essencial para que o psicólogo possa utilizar as informações coletadas com segurança e tomar decisões precisas e embasadas na avaliação psicológica.

Um exemplo prático de validade do teste psicológico seria o seguinte: imagine que um psicólogo está usando um teste de inteligência para avaliar a capacidade cognitiva de um indivíduo. Para garantir a validade desse teste, o psicólogo deve verificar se as perguntas e tarefas que compõem o teste realmente medem a inteligência do indivíduo, e não outra habilidade ou característica. Se o teste for validado adequadamente, o psicólogo pode ter confiança de que as pontuações obtidas pelo indivíduo realmente refletem sua capacidade cognitiva. Por outro lado, se o teste não for válido, o psicólogo pode estar interpretando erroneamente as pontuações obtidas e tirando conclusões equivocadas sobre a capacidade cognitiva do indivíduo.

Um exemplo prático de fidedignidade em um teste psicológico seria o seguinte: imagine que um psicólogo está usando um teste de personalidade para avaliar um indivíduo em dois momentos diferentes, com um intervalo de tempo de um mês entre as avaliações. Se o teste for fidedigno, isso significa que as pontuações obtidas pelo indivíduo na primeira e na segunda avaliação devem ser semelhantes, desde que não haja mudanças significativas na personalidade do indivíduo durante o intervalo de tempo entre as avaliações. Se o teste não for fidedigno, as pontuações obtidas nas duas avaliações podem variar significativamente, mesmo que a personalidade do indivíduo permaneça a mesma. Nesse caso, o psicólogo não pode ter confiança de que as pontuações obtidas refletem de forma precisa a personalidade do indivíduo, o que pode levar a interpretações equivocadas e decisões erradas.

Normas

As normas são um conceito fundamental na psicometria, pois permitem que os resultados de um teste ou instrumento de medida sejam comparados com os resultados obtidos por outras pessoas em um grupo de referência. Essas normas podem ser usadas para avaliar o desempenho de um indivíduo em relação aos seus pares ou para determinar se um indivíduo se enquadra em um grupo específico, como o de uma população clínica ou escolar.

As normas são estabelecidas através da coleta de dados de um grupo de pessoas que representam a população para a qual o teste ou instrumento de medida é destinado. Essas pessoas são selecionadas de forma que sejam representativas da população-alvo em termos de idade, gênero, raça, nível educacional, entre outros fatores relevantes. Em seguida, o teste ou instrumento de medida é aplicado a essas pessoas e os resultados são analisados para determinar a distribuição dos escores.

A partir desses dados, as normas são estabelecidas. As normas podem incluir a média, a mediana e o desvio padrão dos escores obtidos pelos participantes, bem como o percentil em que cada escore se enquadra em relação ao grupo de referência. Por exemplo, se um participante obteve um escore de 80 em um teste em que a média do grupo de referência é 50, podemos dizer que esse participante obteve um resultado acima da média do grupo.

As normas também podem ser usadas para estabelecer pontos de corte para determinar se um indivíduo se enquadra em um grupo específico. Por exemplo, em um teste de diagnóstico de transtornos de ansiedade, pode ser estabelecido um ponto de corte de 60 para determinar se um indivíduo se enquadra em um grupo de pacientes com transtornos de ansiedade. Se um indivíduo obtiver um escore igual ou superior a 60, ele será classificado como tendo um transtorno de ansiedade.

As normas são importantes porque permitem que os resultados de um teste ou instrumento de medida sejam interpretados de forma mais precisa e confiável. Sem as normas, seria difícil saber se um escore é bom ou ruim, alto ou baixo, porque não teríamos um ponto de referência para compará-lo. Além disso, as normas permitem que os resultados sejam comparados entre diferentes grupos, como homens e mulheres, diferentes faixas etárias ou diferentes níveis educacionais.

Em suma, as normas são um conceito importante na psicometria porque permitem que os resultados de um teste ou instrumento de medida sejam comparados com os resultados obtidos por outras pessoas em um grupo de referência. As normas ajudam a interpretar os resultados de forma mais precisa e confiável, permitindo que os profissionais da psicologia possam tomar decisões clínicas ou educacionais mais fundamentadas e adequadas às necessidades dos indivíduos avaliados.

Padrões de pontuação

Os padrões de pontuação são um

conceito fundamental na psicometria que se refere à forma como os resultados obtidos em um teste são transformados em uma pontuação ou escore. A escolha do padrão de pontuação adequado é importante porque pode afetar a interpretação dos resultados e a tomada de decisões baseadas nos resultados.

Existem diferentes tipos de padrões de pontuação que podem ser utilizados em um teste. Um dos padrões mais comuns é a pontuação bruta, que se refere à soma simples dos acertos em um teste. Esse tipo de pontuação é comumente utilizado em testes de habilidades ou conhecimentos específicos, como testes de matemática ou vocabulário.

Outro tipo de pontuação é a pontuação padronizada, que se refere à transformação dos resultados brutos em uma pontuação que é comparável com outras pontuações em um mesmo teste ou em testes diferentes. A pontuação padronizada é comumente utilizada em testes de inteligência ou de personalidade, em que a comparação com uma amostra normativa é importante para avaliar o desempenho do indivíduo.

Existem diferentes métodos para calcular a pontuação padronizada, sendo o mais comum o desvio padrão. Nesse método, os resultados brutos são transformados em uma pontuação que é expressa em desvios padrão em relação à média da amostra normativa. Por exemplo, se a pontuação média da amostra normativa for 100 e o desvio padrão for 15, uma pontuação de 115 indica que o indivíduo obteve um resultado que está acima da média da amostra normativa em um desvio padrão.

Outro tipo de pontuação é a pontuação percentil, que se refere à posição relativa do indivíduo em relação à amostra normativa. A pontuação percentil é comumente utilizada em testes de habilidades específicas, como testes de aptidão ou de desempenho acadêmico. Nesse tipo de pontuação, a pontuação do indivíduo é comparada com a pontuação de outros indivíduos da mesma idade ou grau escolar, e é expressa em termos de percentis. Por exemplo, se a pontuação do indivíduo corresponde ao percentil 80, isso indica que ele obteve um resultado melhor do que 80% dos indivíduos da mesma idade ou grau escolar.

Além dos padrões de pontuação descritos acima, existem outros padrões que podem ser utilizados em diferentes contextos. É importante lembrar que a escolha do padrão de pontuação adequado depende do objetivo do teste, da natureza dos resultados obtidos e das características da amostra normativa. A escolha do padrão de pontuação adequado também pode afetar a interpretação dos resultados e a tomada de decisões baseadas nos resultados.

Erro padrão de medida

O erro padrão de medida é um conceito importante na psicometria que se refere à variabilidade esperada dos resultados de um teste devido a fatores aleatórios, como erro de medição ou variação temporal. É importante entender o erro padrão de medida porque ele pode afetar a precisão dos resultados e a confiabilidade das conclusões baseadas nos resultados do teste.

O erro padrão de medida é calculado com base na variância dos resultados do teste e na confiabilidade do teste. Quanto maior a variância dos resultados, maior será o erro padrão de medida. Da mesma forma, quanto menor a confiabilidade do teste, maior será o erro padrão de medida. Isso ocorre porque, se o teste não for confiável, os resultados obtidos em diferentes ocasiões podem variar devido a fatores aleatórios.

O erro padrão de medida pode afetar a interpretação dos resultados do teste de diferentes maneiras. Em primeiro lugar, o erro padrão de medida pode afetar a precisão dos resultados do teste. Quanto maior o erro padrão de medida, maior será a variabilidade dos resultados, o que pode tornar mais difícil a identificação de diferenças significativas entre indivíduos ou grupos.

Em segundo lugar, o erro padrão de

medida pode afetar a confiabilidade dos resultados do teste. Se o erro padrão de medida for alto, pode ser difícil determinar se as diferenças observadas entre indivíduos ou grupos são reais ou se são devidas a fatores aleatórios. Isso pode levar a conclusões incorretas ou imprecisas sobre as habilidades ou características dos indivíduos ou grupos avaliados.

Por fim, o erro padrão de medida pode afetar a validade dos resultados do teste. Se o erro padrão de medida for alto, pode ser difícil determinar se os resultados obtidos refletem as habilidades ou características dos indivíduos ou grupos avaliados ou se são devidos a fatores aleatórios. Isso pode levar a conclusões incorretas sobre a relação entre o desempenho no teste e as habilidades ou características que se pretende avaliar.

Para minimizar o impacto do erro padrão de medida na análise dos resultados do teste, é importante utilizar medidas de confiabilidade adequadas e adotar procedimentos de medição padronizados e precisos. Além disso, é importante considerar o erro padrão de medida ao interpretar os resultados do teste e ao tomar decisões baseadas nos resultados, levando em conta a variabilidade esperada dos resultados e a confiabilidade do teste.

COMO MONTAR SUA BATERIA DE TESTES

Você já parou para pensar como escolher os testes que irá utilizar? Será uma tarefa simples? Qual será a relação entre uma boa escolha de testes e o resultado do seu trabalho?

A bateria de testes psicológicos é um conjunto de testes e instrumentos utilizados para avaliar diversos aspectos do funcionamento psicológico de um indivíduo. Essa bateria é aplicada por psicólogos e pode incluir testes de personalidade, testes de inteligência, testes de aptidão, entre outros.

Cada teste da bateria tem uma finalidade específica e pode ser utilizado para avaliar diferentes áreas do funcionamento psicológico do indivíduo, como sua personalidade, habilidades cognitivas, interesses, aptidões, entre outros. A aplicação de uma bateria de testes psicológicos permite obter uma visão mais abrangente do indivíduo, possibilitando a elaboração de um diagnóstico mais preciso e um plano de intervenção mais efetivo.

A seleção dos testes que compõem a bateria deve ser realizada com base na demanda e nas características do indivíduo avaliado. Além disso, é importante que os testes escolhidos sejam validados e normatizados para a população brasileira, garantindo a confiabilidade dos resultados obtidos.

A aplicação da bateria de testes psicológicos deve ser realizada por profissionais qualificados e treinados, que possuam conhecimento sobre os testes utilizados e que sigam as diretrizes éticas e técnicas estabelecidas pelo Conselho Federal de Psicologia. Essas diretrizes buscam garantir a segurança e a qualidade da avaliação psicológica, evitando possíveis danos ao indivíduo avaliado.

Fatores a considerar ao montar sua bateria de testes

Ao montar uma bateria de testes, o psicólogo deve levar em consideração diversos critérios para garantir que os testes selecionados sejam apropriados para a avaliação das habilidades e características que se pretende avaliar. Abaixo, apresentamos alguns critérios que o psicólogo deve considerar ao montar sua bateria de testes:

1 - Objetivo da avaliação: O psicólogo deve ter clareza sobre o objetivo da avaliação e as habilidades e características que se pretende avaliar. Isso permitirá selecionar testes que sejam apropriados para a finalidade da avaliação.

2 - População-alvo: O psicólogo deve levar em consideração as características da população-alvo, como idade, nível educacional, cultura e língua, ao selecionar os testes. É importante que os testes sejam adequados para a população que será avaliada.

3 - Validade: Os testes selecionados devem ter evidências de validade para a habilidade ou característica que se pretende avaliar. A validade refere-se ao grau em que o teste mede o que se propõe a medir.

4 - Confiabilidade: Os testes selecionados devem ser confiáveis, ou seja, devem fornecer resultados consistentes e precisos. A confiabilidade é importante para garantir que os resultados do teste sejam interpretados de maneira precisa e confiável.

5 -Normas: É importante que os testes selecionados tenham normas atualizadas e apropriadas para a população-alvo. As normas fornecem um ponto de referência para a interpretação dos resultados do teste.

6 - Tempo e custo: O psicólogo deve levar em consideração o tempo e o custo envolvidos na aplicação dos testes selecionados. É importante que a bateria de testes seja viável em termos de tempo e custo para garantir que a avaliação seja acessível e factível.

7 - Efeitos adversos: O psicólogo deve levar em consideração os possíveis efeitos adversos da aplicação dos testes selecionados. Os efeitos adversos podem incluir estresse emocional, fadiga, ansiedade e outros fatores que possam prejudicar a avaliação.

Em resumo, ao montar uma bateria de testes, o psicólogo deve considerar vários critérios, incluindo o objetivo da avaliação, a população-alvo, a validade, a confiabilidade, as normas, o tempo e o custo, e os possíveis efeitos adversos. Ao selecionar os testes de forma cuidadosa e sistemática, o psicólogo pode garantir que a bateria de testes seja apropriada para a finalidade da avaliação e forneça resultados precisos e confiáveis.

O que é o SATEPSI

O SATEPSI, um sistema criado pela Resolução n° 02/2003 e atualizado em 2013, é responsável por reunir informações sobre testes psicológicos. De acordo com a Resolução CFP n° 09/2018, sua finalidade é avaliar a qualidade técnico-científica de instrumentos submetidos à Comissão Consultiva em Avaliação Psicológica do Conselho Federal de Psicologia (CFP). O sistema é constantemente atualizado e disponibiliza informações sobre a condição de uso dos testes psicológicos, como parecer favorável ou desfavorável.

É possível utilizar testes que não sejam de uso exclusivo do psicólogo desde que se esclareça no laudo como "fonte complementar de informação". Porém, é muito importante você justificar, com base em publicações científicas atuais, o porquê da necessidade do uso desse instrumento.

Escolhendo os testes

Agora abordaremos um conjunto de passos para a tomada de decisões sobre como escolher o teste a ser utilizado. Inicialmente é preciso ter certeza sobre qual construto deve ser avaliado. Vamos usar como exemplo a "atenção concentrada".

O que será avaliado? Exemplo: atenção concentrada → No SATEPSI quais testes são válidos e de uso do psicólogo que avalie a atenção concentrada? → O teste é apropriado para o contexto? O que diz no manual? O que diz na literatura científica?

Havendo clareza naquilo que precisamos avaliar, iniciaremos a busca no site do SATEPSI. Ao entrar no site, selecionamos no menu o item "Testes Psicológicos Favoráveis":

O site do SATEPSI nos permite procurar pelo nome do teste, autor, editora, construto ou busca textual. No caso do exemplo, optamos por procurar por construto.

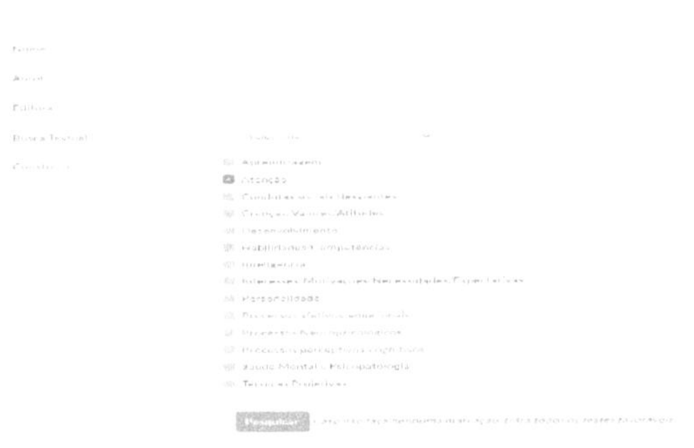

Ao clicar no "+" são exibidas algumas informações técnicas do teste.

É importante destacar que no exemplo citado anteriormente, é possível obter informações relevantes sobre o público-alvo e a idade da amostra de normatização do teste. Embora o teste seja destinado a "adultos e idosos", a amostra de normatização estabelece um limite máximo de idade. Portanto, embora não seja proibido aplicar o teste em pessoas com mais de 70 anos, não haverá uma amostra suficiente para comparar os resultados com um examinando de 80 anos, por exemplo. É essencial considerar essas informações ao selecionar um teste para garantir a validade e confiabilidade dos resultados obtidos na avaliação psicológica.

Analisar as condições do examinando é de extrema importância. Você precisa ter certeza de que o teste é adequado para pessoas da mesma idade e/ou escolaridade. Também deve identificar se o examinando tem condições cognitivas de executar aquela tarefa. Por exemplo, se o examinando está utilizando algum medicamento que ocasiona sonolência, recomendamos que você agende a avaliação psicológica para outro dia.

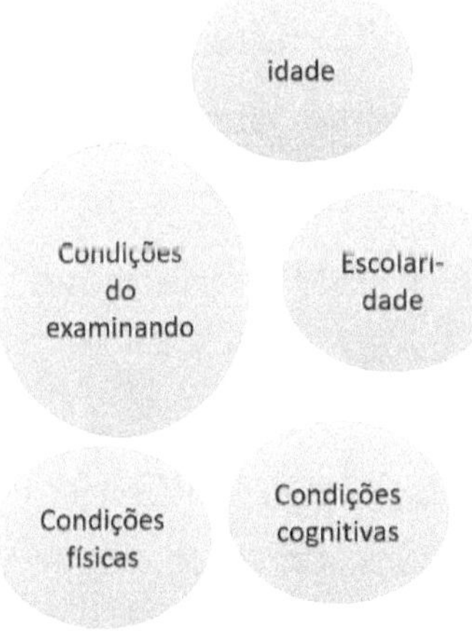

Identificar condições físicas é fundamental. Por exemplo, se o examinando usa óculos e comparece na avaliação psicológica sem eles, deve ser orientado a voltar em outro momento. Geralmente no momento do agendamento é interessante identificar essas variáveis para evitar reagendamentos.

A avaliação será individual, coletiva ou online? Você não pode mudar a forma de aplicação do teste. Por exemplo, se ele é de aplicação individual, você não 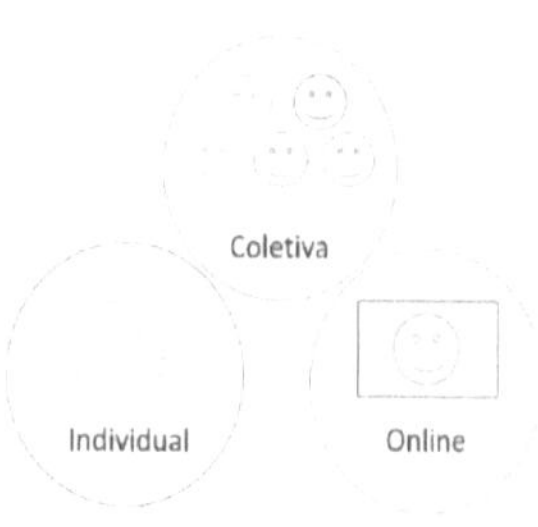

pode aplicar de forma coletiva e vice e versa. Da mesma forma, você não pode modificar os materiais de aplicação.

Por fim, avalie o limite de tempo do teste. Você terá tempo o bastante para aplicar um teste que exija muito tempo para ser solucionado pelo candidato? Também avalie a facilidade da correção.

O mais importante virá agora: o maior diferencial é o examinador entender o porquê escolher determinado teste! Muitos examinadores escolhem um teste porque é o que está disponível no momento. Ou um colega de profissão pode lhe ceder, ou o teste é usado há tempos pela instituição na qual o examinador trabalha. Porém esse jamais deve ser o critério de escolha do teste. Para se tornar um profissional diferenciado você precisa ler e entender o manual do teste.

Exemplo de caso:

Em determinada ocasião, uma profissional foi contratada por candidatos de concurso público para auxiliar na entrevista devolutiva e nos recursos. Durante a conversa com os candidatos, descobriu-se que o teste TEPIC foi utilizado na avaliação, sendo que na época estava padronizado para aplicação individual ou coletiva com o uso de retroprojetor antigo de luz. Entretanto, os avaliadores da banca não possuíam o retroprojetor adequado e optaram por escanear a lâmina transparente e projetar o teste usando um computador. Esse procedimento invalidou a aplicação do teste, uma vez que não foi padronizado para a forma de aplicação adaptada pela banca.

Leitura dos manuais

Você já leu algum manual de teste psicológico? Sua análise toma como base apenas a correção informatizada? Saiba agora a importância da leitura dos manuais de testes para a realização de uma boa avaliação psicológica.

A aplicação de testes psicológicos é uma das ferramentas mais utilizadas na avaliação psicológica. No entanto, a utilização desses instrumentos exige conhecimento e habilidade por parte do psicólogo responsável, para que os resultados sejam precisos e confiáveis.

Uma das principais fontes de informação para a utilização adequada de testes psicológicos são os manuais de testes. Esses manuais apresentam uma estrutura padrão que inclui informações básicas, como descrição do teste, objetivos, construtos avaliados, normas de aplicação e interpretação dos resultados. Além disso, alguns manuais podem conter informações adicionais relevantes para a utilização do teste em determinados contextos.

A leitura dos manuais é fundamental para a compreensão adequada do teste e sua utilização correta. O conhecimento do construto avaliado é apenas o primeiro passo para a aplicação do teste, é preciso entender como ele é utilizado no cotidiano e quais as variáveis que afetam o desempenho do avaliado.

O uso isolado de um escore sem a compreensão das variáveis envolvidas na análise tornam a interpretação superficial e sujeita a erros. Por exemplo, o resultado de um teste de inteligência pode ser afetado por fatores como ansiedade, falta de motivação ou problemas de saúde mental. Portanto, entender as variáveis que podem afetar o desempenho é fundamental para uma interpretação precisa dos resultados.

Os manuais padrão apresentam informações básicas, mas os autores podem incluir conteúdos adicionais relevantes para o uso dos testes. É importante ler os manuais para entender quais estudos de validade foram realizados, quais grupos foram estudados, entre outras informações. O conhecimento dessas informações possibilita escolha estratégica do teste a ser utilizado em determinado contexto.

Por exemplo, se o psicólogo precisa avaliar a atenção concentrada em idosos, ele pode consultar os manuais de testes disponíveis e escolher aquele que foi padronizado para essa população e possui normas de referência atualizadas. Além disso, é importante considerar o tempo de aplicação e análise dos resultados, bem como a disponibilidade de recursos e materiais necessários para a aplicação do teste.

Em resumo, a leitura dos manuais de testes psicológicos é essencial para uma aplicação adequada e uma interpretação precisa dos resultados. A compreensão do construto avaliado é apenas o primeiro passo, é preciso entender como ele é utilizado no cotidiano, quais as variáveis que afetam o desempenho e como interpretar os resultados de forma apropriada. Os manuais padrão apresentam informações básicas, mas os autores podem incluir conteúdos adicionais relevantes para o uso dos testes em determinados contextos, o que possibilita uma escolha estratégica do teste mais adequado.

Como saber qual tabela utilizar

Ao utilizar um teste psicológico, é importante que o profissional leia os estudos que estão contidos no manual do teste. Esses estudos servem de base para a criação das tabelas de percentil, e é essencial que sejam lidos para escolher a tabela que melhor se adequa aos resultados obtidos pelo paciente. Por exemplo, alguns manuais de testes de atenção indicam uma correlação entre idade e desempenho nos testes de atenção. Embora esses manuais apresentem tabelas tanto de idade como de escolaridade, pode-se justificar a escolha da tabela de idade em detrimento da tabela de escolaridade.

A compreensão dos estudos apresentados nos manuais dos testes psicológicos é crucial para uma escolha adequada da tabela de referência a ser utilizada na interpretação dos resultados. Ao ler os estudos que originam as tabelas de percentil, é possível definir qual delas permite uma melhor compreensão dos achados do paciente. Por exemplo, alguns manuais de testes de atenção mostram uma correlação entre idade e desempenho, e possuem tabelas tanto de idade quanto de escolaridade. Nesse caso, é importante justificar a escolha da tabela de idade em detrimento da de escolaridade. Além disso, é possível justificar a escolha da tabela de percentil com base na literatura recente sobre o construto avaliado. No entanto, é mais coerente utilizar os estudos apresentados pelo próprio autor do teste, que podem ser encontrados no manual ou em bases de dados científicas. Em resumo, a leitura atenta dos estudos do manual do teste psicológico é fundamental para uma interpretação precisa e fundamentada dos resultados, garantindo assim uma avaliação mais confiável e eficaz.

Compreendendo o contexto do uso do teste através do manual

Como já vimos anteriormente, o manual do teste psicológico é uma ferramenta fundamental para a correta aplicação e interpretação dos resultados. Além de apresentar as informações básicas do teste, como sua estrutura e instruções de aplicação, os autores também fornecem informações sobre a amostra normativa utilizada no desenvolvimento do teste. Essa amostra é composta por um grupo de pessoas que representam a população a qual o teste é destinado.

Por exemplo, no manual do teste Pfister, são mencionados estudos específicos realizados com grupos clínicos, como pacientes diagnosticados com depressão, esquizofrenia, transtorno obsessivo-compulsivo (TOC), entre outros. Esses estudos permitem a comparação dos resultados obtidos pelo examinando com a amostra clínica, o que pode ser útil na avaliação de possíveis diagnósticos e na elaboração de estratégias de intervenção.

Dessa forma, ao surgir a demanda de investigação de algum desses transtornos, o uso do teste Pfister pode ser uma escolha justificável e mais adequada. Isso porque os estudos realizados com a amostra clínica permitem uma interpretação mais precisa e fundamentada dos resultados obtidos pelo examinando. É importante ressaltar que a escolha do teste adequado para cada demanda é fundamental para uma avaliação psicológica adequada e efetiva.

Lembre-se: um teste psicológico não é uma solução completa para avaliação e diagnóstico. Ele deve ser utilizado em conjunto com outras informações, como entrevistas, observações e outras técnicas de avaliação. A interpretação dos resultados deve ser realizada por profissionais treinados e experientes, que possuem conhecimentos específicos sobre o construto avaliado, suas limitações e aplicações.

DIREITOS DO EXAMINANDO

Como eu posso ter certeza de que estou sendo avaliado de forma justa e precisa? Será que o psicólogo está seguindo as normas éticas e profissionais na condução da avaliação? E se eu tiver dúvidas sobre as instruções ou o propósito do teste, eu terei a oportunidade de esclarecê-las?

O examinando tem direito a ser informado sobre os motivos da avaliação psicológica. Após a realização dos testes, poderá solicitar agendamento da entrevista devolutiva e, caso necessite, a cópia do laudo psicológico. Abaixo serão esclarecidas algumas dúvidas quanto aos direitos do examinando. Entre os principais direitos do examinando na avaliação psicológica, podemos destacar:

1- Direito à informação: O examinando tem o direito de receber informações claras e precisas sobre o processo de avaliação, os testes que serão aplicados, os objetivos da avaliação e os procedimentos adotados pelo psicólogo. Além disso, é importante que o examinando seja informado sobre a finalidade da avaliação e como os resultados serão utilizados.

2 - Direito à privacidade: Durante a avaliação, o examinando tem o direito à privacidade e ao sigilo das informações obtidas. O psicólogo deve garantir que as informações coletadas sejam confidenciais e que sejam utilizadas apenas para os fins previstos na avaliação.

3 - Direito ao consentimento: O examinando tem o direito de consentir ou não com a realização da avaliação psicológica. O psicólogo deve esclarecer ao examinando sobre os objetivos da

avaliação e os procedimentos que serão adotados, garantindo que ele esteja ciente e de acordo com a avaliação.

4 - Direito à interrupção: O examinando tem o direito de interromper a avaliação psicológica a qualquer momento, caso sinta desconforto ou não queira continuar. O psicólogo deve respeitar a decisão do examinando e garantir que ele saiba como proceder caso deseje interromper a avaliação.

5 - Direito à não discriminação: O examinando tem o direito de não ser discriminado durante a avaliação psicológica. O psicólogo deve respeitar a diversidade cultural, social, étnica, religiosa, de gênero, de orientação sexual, entre outras, garantindo que a avaliação seja realizada de forma justa e igualitária.

Rapport

É muito comum que em qualquer situação de avaliação a pessoa apresente um certo nível de ansiedade situacional. No contexto da avaliação psicológica não poderia ser diferente. O rapport é um conceito muito importante na avaliação psicológica. Ele se refere ao estabelecimento de uma relação de confiança e empatia entre o psicólogo e o examinando, fundamental para que a avaliação seja realizada de forma efetiva e precisa.

A importância do rapport na avaliação psicológica se dá pelo fato de que o examinando precisa se sentir à vontade para compartilhar informações sobre si mesmo e suas experiências. Caso ele não se sinta confortável ou seguro, pode acabar se retratando, mentindo ou omitindo informações importantes para a avaliação. Além disso, o rapport permite que o psicólogo compreenda melhor o examinando e sua perspectiva de mundo, possibilitando a escolha adequada dos instrumentos de avaliação e a interpretação mais precisa dos resultados obtidos.

O estabelecimento do rapport pode ser feito através de diversas estratégias, como a empatia, a escuta ativa, a não-julgamento e o respeito à individualidade do examinando. É importante que o psicólogo tenha uma postura acolhedora e atenciosa durante a avaliação, mostrando-se interessado em compreender a história e as vivências do examinando.

A falta de rapport pode gerar efeitos negativos na avaliação, como a distorção dos resultados obtidos, o aumento da resistência do examinando em participar da avaliação, e a interrupção prematura do processo.

Em resumo, a importância do rapport na avaliação psicológica está relacionada à criação de um ambiente seguro e acolhedor para o examinando, possibilitando que ele se sinta à vontade para compartilhar informações importantes sobre si mesmo. O estabelecimento do rapport é um fator essencial para a obtenção de resultados precisos e efetivos na avaliação psicológica.

As instruções do teste devem ser exatamente iguais às que constam no manual

O processo de avaliação psicológica é uma prática que visa entender o comportamento humano e, para tanto, é necessário que o examinando receba instruções padronizadas para a realização dos testes psicológicos. Essas instruções devem seguir exatamente as orientações descritas no manual do teste, uma vez que qualquer variação na forma de aplicação pode afetar significativamente os resultados obtidos.

Qualquer mudança ou variação na forma de aplicação do teste pode comprometer a confiabilidade e a validade dos resultados obtidos.

Ademais, é importante lembrar que a avaliação psicológica é uma prática regulamentada por leis e normas éticas. O

Conselho Federal de Psicologia (CFP) estabelece diretrizes para a prática da avaliação psicológica, incluindo a padronização das instruções de aplicação dos testes psicológicos. O não cumprimento dessas normas pode levar a penalidades éticas e/ou legais. Portanto, é fundamental que o examinando tenha o direito de receber instruções exatamente iguais às do manual do teste, pois isso garante a confiabilidade e a validade dos resultados obtidos, além de respeitar os princípios éticos e legais da avaliação psicológica.

Esclarecimento de dúvidas antes de realizar o teste

Conforme visto anteriormente, ao realizar uma avaliação psicológica, é fundamental que o examinando tenha conhecimento sobre o que será avaliado e quais serão os procedimentos realizados. Para isso, é importante que o psicólogo forneça as instruções necessárias conforme constam no manual do teste psicológico.

O examinando tem o direito de receber essas instruções de forma clara e objetiva, garantindo que ele saiba exatamente o que será avaliado e como deverá proceder durante a realização dos testes. Além disso, é fundamental que o psicólogo esclareça todas as dúvidas do examinando antes de iniciar o procedimento, permitindo que ele se sinta seguro e confortável durante todo o processo.

Ao receber instruções claras e precisas sobre o teste, o examinando pode estar mais confiante e seguro em relação ao processo de avaliação. Além disso, as dúvidas e preocupações do examinando podem influenciar significativamente seus resultados no teste. Se o examinando não entende completamente as instruções ou se sente desconfortável em relação à tarefa, pode acabar cometendo erros ou dando respostas imprecisas.

Por exemplo, imagine que um examinando esteja realizando um teste de personalidade que envolve responder a perguntas sobre suas atitudes e comportamentos. Se o examinando não entender claramente as instruções ou não tiver certeza de como deve responder a determinada pergunta, ele pode responder de maneira inconsistente ou confusa, o que pode levar a uma avaliação equivocada de sua personalidade.

Portanto, o direito do examinando a esclarecer suas dúvidas antes de responder um teste psicológico é fundamental para garantir a precisão e a validade dos resultados obtidos na avaliação psicológica. Além disso, isso também ajuda a promover uma relação de confiança e transparência entre o examinando e o profissional de psicologia responsável pela avaliação.

Entrega da cópia do laudo

O laudo psicológico é um documento de extrema importância no processo de avaliação psicológica, pois apresenta as conclusões e recomendações do psicólogo com relação ao examinando. Por isso, é fundamental que o examinando tenha o direito de receber uma cópia desse laudo.

Ao receber o laudo psicológico, o examinando tem acesso às informações coletadas durante a avaliação, assim como às conclusões do psicólogo em relação ao seu estado emocional e comportamental. Essas informações podem ser utilizadas para auxiliar no seu tratamento e cuidado pessoal, ou mesmo em questões legais, como processos judiciais ou previdenciários.

Além disso, o direito à cópia do laudo psicológico garante que o examinando possa tomar conhecimento de eventuais limitações ou diagnósticos que possam impactar sua vida profissional ou pessoal. Com o acesso ao laudo, o examinando pode se preparar melhor para lidar com essas situações, buscando apoio e tratamento quando necessário.

É importante ressaltar que o laudo psicológico deve ser entregue de forma clara e objetiva, respeitando a privacidade e os direitos do examinando. O psicólogo deve garantir que o documento seja compreensível para o examinando, evitando jargões técnicos e linguagem pouco acessível.

Entrevista devolutiva

A entrevista devolutiva é uma etapa importante da avaliação psicológica, pois é nela que o psicólogo apresenta os resultados da avaliação ao examinando. É um momento de diálogo, em que são discutidos os resultados obtidos, os pontos fortes e fracos do examinando, bem como as recomendações do psicólogo para que ele possa lidar com eventuais questões emocionais ou comportamentais identificadas na avaliação.

A entrevista devolutiva é um momento delicado, que exige do psicólogo habilidades específicas de comunicação e empatia. É importante que o examinando se sinta acolhido e compreendido durante a conversa, e que suas dúvidas e inseguranças sejam esclarecidas de forma clara e objetiva.

Além disso, é fundamental que o psicólogo apresente as informações de forma acessível e compreensível para o examinando, evitando jargões técnicos e linguagem pouco acessível. É necessário também que o psicólogo seja sensível às emoções do examinando, que podem estar fragilizadas durante o processo de avaliação.

A entrevista devolutiva também é uma oportunidade para que o psicólogo possa apresentar recomendações e sugestões de tratamento ou cuidado pessoal ao examinando. É importante que essas recomendações sejam apresentadas de forma respeitosa e acolhedora, visando sempre o bem-estar do examinando.

AVALIAÇÃO PSICOLÓGICA NA PRÁTICA

Os testes psicológicos são utilizados em diversos contextos, incluindo avaliação psicossocial, recursos humanos, forense, saúde, entre outros. A avaliação psicológica, por sua vez, é uma ferramenta importante na tomada de decisão em diferentes áreas, pois permite a compreensão mais profunda de aspectos psicológicos que podem influenciar o comportamento humano.

Na avaliação psicossocial, os testes psicológicos são utilizados para a identificação de características pessoais e comportamentais de indivíduos, incluindo traços de personalidade, inteligência, habilidades cognitivas e emocionais, além de outros aspectos relevantes para a análise de seu perfil psicológico. Tais informações são úteis em processos de seleção e recrutamento de pessoal, identificação de aptidões para atividades específicas, avaliação de riscos em determinadas situações, dentre outras aplicações.

Já no contexto forense, os testes psicológicos são utilizados em investigações criminais, processos judiciais e outras situações que envolvem a avaliação de aspectos psicológicos de indivíduos. A avaliação psicológica em contextos forenses pode ajudar a identificar a veracidade de relatos e depoimentos, avaliar a capacidade mental de acusados e testemunhas, identificar possíveis transtornos psicológicos ou emocionais que possam afetar o julgamento ou comportamento dos envolvidos, dentre outras aplicações.

Na área de recursos humanos, a avaliação psicológica pode ser utilizada em diferentes etapas do processo de seleção e recrutamento de pessoal. Por exemplo, testes de personalidade e aptidões cognitivas podem ser utilizados para avaliar as competências dos candidatos e verificar sua adequação para a vaga em questão. Além disso, a avaliação psicológica também pode ser utilizada para identificar potenciais líderes, avaliar a necessidade de treinamento e desenvolvimento de habilidades específicas, e ainda monitorar o desempenho de colaboradores em situações específicas, como em programas de desenvolvimento de carreira.

Em relação à saúde, a avaliação psicológica é fundamental para o diagnóstico e tratamento de diferentes transtornos mentais e emocionais. Os testes psicológicos podem ser utilizados para avaliar a gravidade e os sintomas de transtornos como depressão, ansiedade, transtornos alimentares e outros problemas de saúde mental. Além disso, a avaliação psicológica também pode ser útil para o monitoramento do progresso do tratamento e identificação de possíveis recaídas.

Conforme visto, a avaliação psicológica é uma ferramenta importante para diversas áreas, como avaliação psicossocial, recursos humanos e forense. Através da aplicação de testes psicológicos, é possível identificar habilidades, competências, traços de personalidade e comportamentos que ajudam a compreender melhor o indivíduo. Neste capítulo vamos explorar um pouco sobre os principais contextos nos quais a avaliação psicológica pode ser utilizada.

Avaliação psicológica de concursos públicos

A avaliação psicológica em concursos públicos é uma prática cada vez mais comum, uma vez que muitos cargos públicos exigem habilidades e competências específicas relacionadas ao perfil psicológico do candidato. Essa avaliação é importante porque visa garantir que os candidatos aprovados tenham as características necessárias para desempenhar adequadamente suas funções e proteger a segurança e o bem-estar da população.

A avaliação psicológica em concursos públicos é realizada por meio de testes, entrevistas e outras técnicas específicas, que visam avaliar as habilidades e competências do candidato em diferentes áreas, como a capacidade cognitiva, a personalidade, o comportamento e o estado emocional. Essas avaliações são conduzidas por profissionais treinados em avaliação psicológica e que seguem padrões éticos e técnicos estabelecidos pela legislação em vigor.

Para ser aprovado na avaliação psicológica em concursos públicos, é importante que o candidato tenha algumas características desejáveis, tais como: boa capacidade cognitiva, equilíbrio emocional, habilidades interpessoais adequadas para a função, capacidade de adaptação a diferentes situações, resiliência, capacidade de trabalhar em equipe, entre outras. Essas características são avaliadas com base em testes psicológicos específicos, entrevistas e outras técnicas de avaliação.

É importante ressaltar que a avaliação psicológica em concursos públicos é realizada de forma justa e imparcial, sem discriminação de qualquer natureza. Além disso, os resultados da avaliação psicológica são confidenciais e somente as autoridades responsáveis pelo concurso têm acesso a eles.

No entanto, apesar de ser uma prática importante, a avaliação psicológica em concursos públicos também tem gerado algumas polêmicas. Alguns candidatos alegam que o processo é subjetivo e que as características avaliadas podem ser interpretadas de maneira diferente por cada avaliador. Além disso, há a questão do custo, uma vez que muitas vezes os candidatos precisam arcar com as despesas da avaliação psicológica.

Para minimizar esses problemas, é importante que a avaliação psicológica em concursos públicos seja conduzida por profissionais qualificados e que sigam padrões éticos e técnicos estabelecidos pela legislação em vigor. Além disso, é importante que o processo de avaliação seja transparente e que os candidatos recebam um feedback claro e objetivo sobre os resultados.

Em conclusão, a avaliação psicológica em concursos públicos é uma prática importante para garantir que os candidatos aprovados tenham as habilidades e competências necessárias para desempenhar adequadamente suas funções. No entanto, é importante que esse processo seja conduzido de forma justa e imparcial, com profissionais qualificados e seguindo padrões éticos e técnicos estabelecidos pela legislação em vigor.

Avaliação psicológica no contexto forense

A avaliação psicológica no contexto forense é uma área importante da avaliação psicológica que visa fornecer informações úteis para a justiça e o sistema jurídico. Ela é utilizada para avaliar aspectos psicológicos e comportamentais de indivíduos envolvidos em questões jurídicas, como criminosos, vítimas, testemunhas e outros envolvidos em processos legais.

A avaliação psicológica no contexto forense é realizada por psicólogos especializados nessa área, que utilizam técnicas e métodos específicos para avaliar a personalidade, o comportamento, as habilidades cognitivas, o estado emocional e outros aspectos relevantes para o caso em questão. As informações obtidas através dessa avaliação são então fornecidas aos profissionais do sistema jurídico, como juízes, advogados e promotores, para auxiliar na tomada de decisões.

As avaliações psicológicas no contexto forense podem ser utilizadas em diversas áreas do direito, como em casos de violência doméstica, abuso sexual, crimes contra a propriedade, direito da família, direito do trabalho e outros casos criminais. Os psicólogos forenses podem ser solicitados a avaliar diversos aspectos desses casos, como a capacidade mental do acusado, a veracidade das alegações da vítima, a competência de testemunhas, entre outros.

Uma das principais técnicas utilizadas na avaliação psicológica no contexto forense é a entrevista clínica, que visa obter informações sobre o comportamento, a personalidade e o estado emocional do indivíduo avaliado. Os psicólogos forenses também podem utilizar testes psicológicos específicos, como o MMPI-2, para avaliar a personalidade e o comportamento do indivíduo, além de outros testes cognitivos e neuropsicológicos para avaliar as habilidades cognitivas.

Outra técnica utilizada na avaliação psicológica no contexto forense é a análise de comportamento, que pode ser utilizada para avaliar a veracidade das alegações de uma pessoa. Nessa técnica, os psicólogos analisam o comportamento do indivíduo durante a entrevista e em outras situações relevantes para o caso em questão, como testemunhos em audiências.

A avaliação psicológica no contexto forense pode ter um impacto significativo em decisões judiciais, uma vez que as informações fornecidas pelos psicólogos forenses podem influenciar a decisão dos juízes e promotores. No entanto, é importante ressaltar que as avaliações psicológicas no contexto forense não são infalíveis e que é necessário um bom julgamento para interpretar corretamente as informações obtidas.

Em conclusão, a avaliação psicológica no contexto forense é uma área importante da avaliação psicológica que visa fornecer informações úteis para o sistema jurídico. Ela é realizada por psicólogos especializados e utiliza técnicas e métodos específicos para avaliar aspectos psicológicos e comportamentais de indivíduos envolvidos em questões jurídicas. As informações obtidas através dessa avaliação.

Avaliação psicossocial para NR33 e NR35

A avaliação psicossocial é uma etapa importante do processo de capacitação de trabalhadores em atividades que envolvem riscos à saúde e à segurança. No contexto das normas regulamentadoras NR33 e NR35, que tratam respectivamente de trabalhos em espaços confinados e trabalhos em altura, a avaliação psicossocial é uma exigência legal.

A Norma Reguladora 33 (NR33) estabelece os requisitos mínimos para proteção à saúde e à segurança dos trabalhadores que realizam atividades em espaços confinados, definindo esses espaços como áreas não projetadas para ocupação humana contínua, que possuem meios limitados de entrada e saída e que apresentam riscos específicos à integridade física e à saúde dos trabalhadores. A NR33 define medidas de segurança, treinamentos obrigatórios e procedimentos a serem adotados para garantir a proteção dos trabalhadores que atuam em espaços confinados, buscando prevenir acidentes e doenças ocupacionais.

A Norma Reguladora 35 (NR35) estabelece os requisitos mínimos de segurança e saúde para o trabalho em altura, considerando todas as atividades que são realizadas acima de dois metros do nível inferior, onde haja risco de queda. A NR35 define medidas de proteção coletiva e individual, treinamentos obrigatórios, planejamento e supervisão das atividades em altura, buscando prevenir acidentes e doenças ocupacionais decorrentes desse tipo de trabalho. A norma também estabelece responsabilidades dos empregadores, dos trabalhadores e das empresas contratadas, visando garantir um ambiente de trabalho seguro e saudável.

A avaliação psicossocial para a NR33 e a

NR35 tem como objetivo avaliar a capacidade dos trabalhadores para desempenhar suas atividades com segurança. Ela considera aspectos psicológicos, emocionais e sociais dos trabalhadores, como habilidades cognitivas, traços de personalidade, comportamento em situações de estresse, atitudes em relação à segurança, entre outros.

A avaliação psicossocial para a NR33 e a NR35 é realizada por psicólogos especializados em saúde ocupacional e segurança do trabalho. O processo de avaliação envolve entrevistas, questionários e testes psicológicos específicos, que visam obter informações sobre a capacidade dos trabalhadores para lidar com os riscos associados às atividades em espaços confinados ou em altura.

Os testes psicológicos utilizados na avaliação psicossocial para a NR33 e a NR35 incluem instrumentos que avaliam a personalidade, a inteligência e a capacidade de concentração dos trabalhadores. Além disso, a avaliação também pode incluir a aplicação de testes específicos para avaliar a habilidade dos trabalhadores para tomar decisões em situações de emergência e para trabalhar em equipe.

Uma vez concluída a avaliação psicossocial, o psicólogo emite um parecer técnico que será utilizado pelas empresas para avaliar a aptidão dos trabalhadores para desempenhar suas atividades em espaços confinados ou em altura. Esse parecer é importante para garantir a segurança dos trabalhadores e a conformidade com as exigências legais das normas regulamentadoras NR33 e NR35.

É importante ressaltar que a avaliação psicossocial para a NR33 e a NR35 deve ser realizada por profissionais capacitados e com experiência em saúde ocupacional e segurança do trabalho. A avaliação deve seguir as diretrizes estabelecidas pelo Conselho Federal de Psicologia e pela legislação específica das normas regulamentadoras.

Em conclusão, a avaliação psicossocial é uma etapa importante do processo de capacitação de trabalhadores em atividades que envolvem riscos à saúde e à segurança. No contexto das normas regulamentadoras NR33 e NR35, a avaliação psicossocial é uma exigência legal e visa avaliar a capacidade dos trabalhadores para desempenhar suas atividades com segurança. A avaliação é realizada por psicólogos especializados em saúde ocupacional e segurança do trabalho e envolve entrevistas, questionários e testes psicológicos específicos. O parecer técnico emitido pelo psicólogo é importante para garantir a segurança dos trabalhadores e a conformidade com as exigências legais das normas regulamentadoras.

Avaliação psicológica para cirurgias como bariátrica, vasectomia e laqueadura

A avaliação psicológica pré-operatória é um procedimento padrão em diversas cirurgias, incluindo bariátrica, vasectomia e laqueadura. O objetivo da avaliação psicológica é identificar possíveis problemas psicológicos que possam influenciar no resultado da cirurgia e no bem-estar do paciente.

No caso da cirurgia bariátrica, por exemplo, a avaliação psicológica é importante para avaliar se o paciente está preparado emocionalmente para a cirurgia e se possui uma boa rede de suporte social para ajudá-lo durante o processo de emagrecimento. Também é importante avaliar se o paciente apresenta problemas emocionais que possam afetar a aderência a um plano alimentar após a cirurgia, como transtornos alimentares ou depressão.

Já na vasectomia e na laqueadura, a avaliação psicológica tem como objetivo garantir que o paciente tenha entendido corretamente os riscos e benefícios da cirurgia, que tenha considerado todas as opções disponíveis e que esteja seguro quanto à sua decisão. A avaliação também pode ajudar a identificar possíveis conflitos conjugais ou pressões externas que possam estar influenciando a decisão do paciente.

A avaliação psicológica é realizada por um profissional capacitado e é composta por entrevistas clínicas, aplicação de testes psicológicos e análise de informações obtidas em outras fontes, como prontuários médicos e entrevistas com familiares ou amigos próximos. O resultado da avaliação é discutido com o paciente e com a equipe médica responsável pela cirurgia, a fim de garantir um plano de cuidados adequado e personalizado.

É importante ressaltar que a avaliação psicológica pré-operatória não é um obstáculo para a realização da cirurgia, mas sim uma forma de garantir a segurança e o bem-estar do paciente durante todo o processo. Além disso, a avaliação psicológica pode ajudar o paciente a se preparar emocionalmente para a cirurgia e a desenvolver estratégias de enfrentamento para lidar com os desafios que surgirão após o procedimento.

Avaliação psicológica para para seleção de pessoas nos departamentos de recursos humanos

A avaliação psicológica é uma das ferramentas mais importantes no processo de seleção de pessoas nos departamentos de recursos humanos (RH). Através dela, é possível avaliar as características psicológicas e comportamentais dos candidatos, a fim de identificar aqueles que possuem o perfil mais adequado para a vaga em questão.

A avaliação psicológica pode incluir diferentes técnicas, como entrevistas estruturadas, aplicação de testes psicológicos e dinâmicas de grupo. O objetivo é obter informações sobre diferentes aspectos da personalidade do candidato, como habilidades interpessoais, inteligência emocional, motivação e liderança.

Para que a avaliação psicológica seja efetiva, é fundamental que ela seja realizada por profissionais qualificados e que possuam experiência em psicologia organizacional. Além disso, é importante que o processo seja transparente e que o candidato seja informado sobre o objetivo e as etapas da avaliação.

Uma das principais vantagens da avaliação psicológica é a possibilidade de prever o desempenho futuro do candidato na empresa. Através da análise de suas características psicológicas, é possível identificar aqueles que possuem mais chances de se adaptar ao ambiente de trabalho, de se relacionar bem com colegas e superiores, de assumir responsabilidades e de crescer na carreira.

Outro aspecto importante da avaliação psicológica é a identificação de possíveis problemas comportamentais ou emocionais que possam afetar o desempenho do candidato na empresa. Por exemplo, a avaliação psicológica pode identificar transtornos de ansiedade, dificuldades interpessoais ou baixa autoestima, que podem interferir na capacidade do candidato de lidar com as pressões do trabalho.

Por fim, é importante ressaltar que a avaliação psicológica deve ser realizada de forma ética e respeitando os direitos dos candidatos. Isso inclui garantir a confidencialidade das informações obtidas, oferecer um feedback claro e objetivo e garantir que a avaliação não discrimine candidatos por questões de gênero, raça, religião ou orientação sexual.

Em resumo, a avaliação psicológica é uma ferramenta fundamental para a seleção de pessoas nos departamentos de RH. Ela permite avaliar as características psicológicas e comportamentais dos candidatos, identificar aqueles que possuem o perfil mais adequado para a vaga em questão e prever seu desempenho futuro na empresa.

. Neste capítulo vamos explorar um pouco sobre os principais contextos nos quais a avaliação psicológica pode ser utilizada.

Avaliação psicológica para psicodiagnóstico

A avaliação psicológica é uma das principais ferramentas utilizadas pelos psicólogos para o diagnóstico e tratamento de transtornos mentais e emocionais. O processo de avaliação psicológica para psicodiagnóstico envolve a aplicação de testes psicológicos, entrevistas clínicas, observação comportamental e outras técnicas de coleta de dados, visando a identificação e compreensão dos sintomas apresentados pelo paciente.

A avaliação psicológica para psicodiagnóstico pode ser realizada em diferentes contextos, como clínicas, hospitais, instituições de saúde mental e escolas. É importante destacar que, para a realização da avaliação psicológica para psicodiagnóstico, é necessário que o psicólogo tenha uma formação especializada e esteja devidamente habilitado pelo Conselho Federal de Psicologia.

Os testes psicológicos utilizados na avaliação psicológica para psicodiagnóstico podem ser de diferentes tipos, como testes de personalidade, testes de inteligência, testes de aptidão e testes neuropsicológicos. Cada um desses testes tem uma finalidade específica e fornece informações importantes para a compreensão do paciente.

Além dos testes psicológicos, a entrevista clínica é uma das principais técnicas utilizadas na avaliação psicológica para psicodiagnóstico. Nessa técnica, o psicólogo realiza uma conversa com o paciente visando a compreensão dos sintomas apresentados, sua história de vida, seu ambiente familiar e social, além de outros aspectos relevantes para o diagnóstico e tratamento.

A avaliação psicológica para psicodiagnóstico tem como principal objetivo a identificação de transtornos mentais e emocionais, permitindo a elaboração de um plano de tratamento adequado. Dessa forma, é possível ajudar o paciente a lidar com seus sintomas, desenvolver habilidades emocionais e comportamentais, e melhorar sua qualidade de vida.

Em resumo, a avaliação psicológica para psicodiagnóstico é uma ferramenta importante para o diagnóstico e tratamento de transtornos mentais e emocionais. Através da aplicação de testes psicológicos, entrevistas clínicas e outras técnicas de coleta de dados, é possível compreender os sintomas apresentados pelo paciente e elaborar um plano de tratamento adequado, auxiliando-o a lidar com suas

dificuldades e melhorando sua qualidade de
vida.

Avaliação psicológica no contexto escolar

A avaliação psicológica no contexto
escolar tem se mostrado uma ferramenta
importante para a compreensão e intervenção
nos processos educacionais, uma vez que
permite identificar as características individuais
dos alunos, suas potencialidades e dificuldades,
bem como a influência do ambiente escolar em
seu desenvolvimento.

Nesse sentido, o psicólogo escolar pode
utilizar diferentes técnicas e instrumentos para
avaliar o desempenho acadêmico, a cognição, a
personalidade, a motivação, as habilidades
socioemocionais e outros aspectos relevantes
para a aprendizagem e o bem-estar dos
estudantes.

Entre as técnicas mais comuns na
avaliação psicológica escolar estão a
observação, entrevista, aplicação de testes
psicológicos, escalas e inventários. A
observação é uma técnica que permite ao

psicólogo registrar comportamentos, interações e situações de sala de aula e do ambiente escolar de modo geral. Já a entrevista é uma técnica que permite ao psicólogo conhecer a história de vida do aluno, suas vivências, relações familiares e escolares, entre outros aspectos.

A aplicação de testes psicológicos é uma das técnicas mais utilizadas na avaliação psicológica escolar, pois permite avaliar diferentes áreas do desenvolvimento do aluno, como inteligência, atenção, memória, linguagem, habilidades sociais, emocionais e comportamentais. Esses testes são padronizados e possuem normas que permitem comparar os resultados obtidos pelos alunos com os de uma amostra representativa da população.

Além disso, as escalas e inventários também são importantes instrumentos na avaliação psicológica escolar, pois permitem avaliar características específicas dos alunos, como ansiedade, depressão, autoestima, motivação e outros aspectos relevantes para o processo educacional.

Por meio da avaliação psicológica, o psicólogo escolar pode identificar alunos que apresentam dificuldades de aprendizagem, transtornos emocionais, comportamentais ou de desenvolvimento, e a partir disso, planejar intervenções específicas, orientar pais e professores, promover a inclusão escolar e melhorar a qualidade do processo educacional. Portanto, a avaliação psicológica no contexto escolar é uma ferramenta valiosa para promover o desenvolvimento integral dos alunos, identificar suas necessidades individuais e promover a inclusão e o sucesso escolar.

ALGUNS TIPOS DE TESTES PSICOLÓGICOS

Tipos de testes psicológicos

Existem diferentes tipos de testes psicológicos, cada um com uma finalidade específica. Entre os principais tipos de testes psicológicos, destacam-se os projetivos, expressivos e psicométricos.

Os testes projetivos são baseados na ideia de que o indivíduo projeta sua personalidade em suas respostas a estímulos vagos, permitindo que o examinador tenha acesso a informações sobre seu mundo interno. Esses testes incluem a Rorschach, que utiliza manchas de tinta, e o TAT (Teste de Apercepção Temática), que usa cenas de desenhos animados e fotografias para estimular respostas.

Os testes expressivos são uma categoria de testes psicológicos que utilizam técnicas gráficas para avaliar a personalidade e emoções de um indivíduo. Através da análise da forma como o indivíduo se expressa graficamente, podem ser identificados aspectos importantes da sua personalidade. Alguns exemplos de testes expressivos incluem o PMK e o Palográfico.

Por fim, os testes psicométricos são baseados em medidas objetivas e padronizadas, com o objetivo de avaliar habilidades cognitivas e intelectuais, bem como traços de personalidade. Esses testes incluem o WAIS (Escala Wechsler de Inteligência para Adultos), o MMPI (Inventário Multifásico de Personalidade de Minnesota) e o NEO PI-R (Inventário de Personalidade NEO Revisado).

Cada tipo de teste psicológico tem seus pontos fortes e limitações, e a escolha do teste mais adequado dependerá da finalidade da avaliação e das características do examinando. É importante que o psicólogo tenha uma compreensão clara dos diferentes tipos de testes e de como eles funcionam para selecionar o teste mais apropriado para cada situação. Além disso, é fundamental que o examinando seja informado sobre o propósito do teste, seus direitos e que possa esclarecer suas dúvidas antes de realizar a avaliação.

O que é o modelo dos cinco grandes fatores e quais testes psicológicos se embasam nessa teoria?

O modelo dos cinco grandes fatores, também conhecido como Modelo dos Cinco Grandes, é uma teoria que busca descrever a personalidade humana por meio de cinco dimensões: Neuroticismo, Extroversão, Abertura para Experiência, Amabilidade e Conscienciosidade. Essas dimensões foram identificadas por meio de estudos com questionários de personalidade, que permitiram a identificação de padrões recorrentes de comportamento.

Vários testes psicológicos foram desenvolvidos com base no Modelo dos Cinco Grandes, sendo que alguns dos mais utilizados incluem o NEO-PI-R (Inventário de Personalidade NEO Revisado), o Big Five Inventory (BFI), o 16PF (Questionário de Personalidade de 16 Fatores) e o MMPI-2 (Minnesota Multiphasic Personality Inventory).

O NEO-PI-R é um teste de personalidade

que avalia as cinco dimensões do Modelo dos Cinco Grandes, sendo amplamente utilizado em pesquisas científicas e também em contextos clínicos e organizacionais. Já o BFI é um questionário mais simplificado, que avalia os traços de personalidade com base em uma escala de concordância ou discordância com afirmações relacionadas a cada uma das cinco dimensões. O 16PF é um teste mais amplo, que avalia 16 fatores de personalidade, incluindo aqueles relacionados às cinco dimensões do Modelo dos Cinco Grandes. Por fim, o MMPI-2 é um teste mais voltado para o contexto clínico e forense, que avalia uma ampla gama de sintomas psicológicos e problemas de personalidade, mas que também inclui uma escala que avalia as cinco dimensões do Modelo dos Cinco Grandes.

Em suma, o Modelo dos Cinco Grandes é uma teoria que tem sido amplamente utilizada na psicologia, em especial na área da avaliação psicológica, e que fundamenta o desenvolvimento de diversos testes de personalidade. A utilização desses testes pode fornecer informações importantes para a compreensão e intervenção em problemas psicológicos e organizacionais, além de contribuir para a pesquisa científica sobre a personalidade humana.

O que são funções cognitivas e quais são os principais testes psicológicos que as avaliam?

Funções cognitivas são os processos mentais que nos permitem processar, armazenar e recuperar informações. Essas funções incluem atenção, memória, linguagem, percepção, raciocínio, resolução de problemas e tomada de decisão. Existem vários testes psicológicos brasileiros que avaliam as funções cognitivas. Alguns dos mais importantes são:

- Teste de Desempenho Cognitivo (TDC): avalia várias funções cognitivas, como memória de trabalho, atenção, percepção e coordenação visomotora.

- Teste de Atenção Concentrada (TEACO): avalia a atenção concentrada e seletiva, bem como a velocidade de processamento.

- Teste Wisconsin de Classificação de Cartas (WCST): avalia a capacidade de raciocínio abstrato, flexibilidade cognitiva e capacidade de aprendizado.

- Teste de Fluência Verbal (FAS): avalia a capacidade de linguagem e processamento verbal.

- Teste de Memória de Reconhecimento de Palavras (MRP): avalia a memória de reconhecimento de palavras e a capacidade de recordar informações verbais.

- Teste de Figuras Complexas de Rey (CFT): avalia a percepção visuoconstrutiva, a memória de trabalho visual e a habilidade de planejamento.

- Teste de Aprendizagem Auditivo-Verbal de Rey (RAVLT): avalia a memória verbal e a capacidade de aprendizado.

- Teste de Memória de Wechsler (WMS-III): avalia a memória de curto e longo prazo, bem como a capacidade de recordar informações verbais e visuais.

Em suma, as funções cognitivas são processos mentais que envolvem a atenção, memória, linguagem, percepção, raciocínio e outras habilidades. Os testes que exemplificamos neste capítulo-são amplamente utilizados em pesquisas e práticas clínicas para avaliar as funções cognitivas em diversas populações, incluindo crianças, adolescentes e adultos.

94

DOCUMENTOS QUE SE ORIGINAM DA AVALIAÇÃO PSICOLÓGICA

A Resolução n.º 6/2019 do Conselho Federal de Psicologia (CFP) estabelece regras para a elaboração de documentos escritos produzidos pelos psicólogos no exercício profissional, revogando as resoluções anteriores. Essa resolução enfatiza que apenas dois documentos podem se originar de uma avaliação psicológica: o laudo e o atestado.

Atestado Psicológico

O atestado psicológico é um documento importante para certificar a condição psicológica de uma pessoa em determinada situação. Com finalidades diversas, esse documento deve ser elaborado com cautela, seguindo critérios técnicos e éticos. Neste capítulo, discutiremos as características e os cuidados na elaboração do atestado psicológico.

O atestado psicológico tem como objetivo informar sobre a saúde mental de uma pessoa, a partir de evidências científicas encontradas na ciência psicológica. Esse documento pode ser utilizado para afirmar condições psicológicas, justificar faltas e impedimentos, atestar a aptidão para atividades específicas e solicitar afastamento ou dispensa. Ele deve conter o título "Atestado Psicológico", o nome da pessoa ou instituição atendida, o nome do solicitante e a finalidade da solicitação. Além disso, é importante incluir uma descrição das condições psicológicas, que pode conter o CID ou outra classificação diagnóstica, desde que haja autorização do examinando. O documento deve ser encerrado com a data e local de emissão, carimbo e nome completo do psicólogo, rubricas em todas as páginas e a informação de data de validade. Pode também conter a frase: "o documento não poderá ser utilizado para fins diferentes do apontado no item de identificação, possui caráter sigiloso e se trata de documento extrajudicial".

Ao elaborar um atestado psicológico, o psicólogo deve tomar alguns cuidados. É recomendado que o documento seja redigido em texto corrido, sem parágrafos, para evitar adulteração. Caso seja necessário o uso de parágrafos, o psicólogo deve preencher os espaços com um traço. O CRP pode solicitar, no período de cinco anos, todo material utilizado para fundamentar a emissão do atestado emitido, portanto, é importante guardar toda a fundamentação técnico-científica do atestado, como protocolos de testes, prontuário, laudo, entre outros documentos. É recomendado que o psicólogo faça um recibo, que deve ser assinado pelo examinando, informando o local e data em que ele recebeu o documento.

O atestado psicológico é um documento importante que deve ser elaborado com cautela, seguindo critérios técnicos e éticos. A descrição das condições psicológicas deve ser baseada em evidências científicas encontradas na ciência psicológica e pode conter o CID ou outra classificação diagnóstica, desde que haja autorização do examinando. Além disso, é importante que o documento seja guardado por cinco anos juntamente com toda a fundamentação técnico-científica do atestado. O psicólogo deve tomar cuidados na elaboração do documento, como redigir em texto corrido e preencher espaços com traços, para evitar adulteração. Por fim, o recibo assinado pelo examinando também é uma importante ferramenta para documentar a entrega do atestado.

Modelo de atestado psicológico

ATESTADO PSICOLÓGICO

Paciente: *Nome completo do paciente*

RG: *000000000-0*

CPF: *000.000.000-00*

Solicitante: (*poder judiciário, empresas ou do próprio examinando*).

Atesto para fins de justificar aptidão para realização da cirurgia laqueadura/bariátrica/vasectomia, após realização de um processo de avaliação psicológica, dentro do rigor técnico e ético que subscreve a Resolução do Conselho Federal de Psicologia n°006/2019, que o (a) sr(a). Nome completo do paciente realizou avaliação psicológica nesta data e foi considerado(a) APTO/INAPTO para o (procedimento cirúrgico, cargo, etc).

Porto Alegre, 08 de abril de 203

Sua assinatura e carimbo

Seu nome completo

Psicólogo CRP ___/_______

Documento válido por um ano a contar da data de emissão.

Este documento tem finalidade extrajudicial e não poderá ser utilizado para fins diferentes do apontado no item de identificação. Possui caráter sigiloso, o avaliador não se responsabiliza pelo uso dado ao relatório por parte da pessoa, grupo ou instituição, após a sua entrega em entrevista devolutiva.

Laudo psicológico

O laudo psicológico é um documento formal elaborado por psicólogos e tem como objetivo relatar os resultados de uma avaliação psicológica. Ele é considerado um dos principais documentos gerados pela prática do psicólogo e sua elaboração requer conhecimentos técnicos e éticos específicos.

A estrutura do laudo psicológico é composta por vários elementos, que podem variar de acordo com a finalidade e o público-alvo do documento. Em geral, ele é composto por:

- Identificação do paciente: nome completo, idade, gênero, escolaridade, profissão, estado civil e endereço.

- Descrição da demanda: é importante que o psicólogo deixe claro qual é a questão a ser investigada. Nesse sentido, é preciso descrever a queixa do paciente ou a demanda do solicitante do laudo.

- Descrição da avaliação: o psicólogo deve descrever o método utilizado na avaliação, bem como os instrumentos utilizados para coletar dados e informações. É importante que sejam descritas as condições em que a avaliação foi realizada e a duração da mesma.

- Análise dos resultados: o psicólogo deve realizar uma análise crítica dos dados e informações coletados durante a avaliação. É importante que sejam descritas as principais características e comportamentos observados durante a avaliação e que sejam feitas inferências sobre o funcionamento psicológico do paciente.

- Discussão e conclusões: nessa seção, o psicólogo deve fazer uma síntese dos resultados obtidos e, se for o caso, apresentar um diagnóstico psicológico. É importante que as conclusões sejam claras e objetivas, e que sejam feitas recomendações para o tratamento ou encaminhamento do paciente.

- Considerações finais: nessa seção, o psicólogo deve apresentar suas considerações finais sobre o caso e reforçar as recomendações apresentadas anteriormente.

O laudo psicológico é um documento que deve ser elaborado com base em evidências científicas e de acordo com os princípios éticos da profissão. Ele é um documento importante não apenas para o paciente, mas também para os profissionais de saúde envolvidos em seu tratamento, bem como para o judiciário em casos que demandem avaliação psicológica.

Alguns cuidados devem ser tomados na elaboração do laudo psicológico. É importante que o documento seja claro e objetivo, evitando o uso de jargões técnicos ou termos difíceis de entender. Além disso, o psicólogo deve ter cuidado para não emitir juízos de valor sobre o paciente ou sobre a situação que está sendo avaliada. O laudo deve ser imparcial e baseado apenas em evidências científicas.

Por fim, é importante ressaltar que o laudo psicológico é um documento que deve ser mantido em sigilo e que só pode ser divulgado com autorização do paciente ou por determinação judicial. O não cumprimento dessas normas éticas pode acarretar sanções disciplinares por parte do Conselho Regional de Psicologia.